CONGRÈS INTERNATIONAL DE LA PROPRIÉTÉ FONCIÈRE

2ᵉ SESSION — OCTOBRE 1892

# RAPPORT

### DE M. FOURNIER, NOTAIRE A CHARTRES

Lu dans l'assemblée générale des Notaires de l'arrondissement de Chartres,
le 3 novembre 1892

Mes chers Confrères,

Un Congrès international pour l'étude de la transmission de la propriété foncière a tenu une première session du 8 au 14 août 1889 et a voté un certain nombre de propositions parmi lesquelles se trouvent les suivantes : *(Première session en 1889.)*

« Il y a lieu d'établir un *Livre foncier,* les inscriptions
« y seront faites par immeuble.

« L'inscription au Livre foncier constitue le titre irré-
« vocable du droit, manifesté par l'inscription, à l'égard
« de toute personne intéressée autre que les parties
« contractantes.

« La réfection du cadastre sera effectuée à bref délai
« aux frais de l'État. »

Le Congrès, après avoir posé ces principes, a reconnu la nécessité de les soumettre à un nouvel examen approfondi et d'en étudier les conditions d'application.

En conséquence, il a décidé :

1° Qu'une Commission serait chargée de rédiger sur ces questions, et en prenant pour bases les résolutions adoptées, un rapport détaillé qui serait distribué aux membres du Congrès.

2° Qu'après la distribution du rapport, le Congrès tiendrait, à une date à fixer par le Bureau, une nouvelle session.

La Commission, s'étant réunie, a ainsi réglé l'ordre de ses travaux :

Programme des travaux

## ÉTABLISSEMENT D'UN LIVRE FONCIER

AVEC LE PRINCIPE DE LA LÉGALITÉ

PREMIÈRE SECTION

## CRÉATION DU LIVRE FONCIER

(Suppose une opération cadastrale permettant le rattachement exact de chaque immeuble à une triangulation générale.)

Le cadastre actuel est-il suffisant ? — S'il est nécessaire de le refaire, dans quelles conditions techniques et financières conviendrait-il de procéder à l'opération ? — Du morcellement des propriétés. — Echanges. — Syndicats, etc.

*Rapporteurs :* M. FRAVATON, sous-inspecteur de l'enregistrement, et M. PIAT, ingénieur, directeur du service topographique en Tunisie.

DEUXIÈME SECTION

## IMMATRICULATION

(Attribution d'un feuillet spécial du Livre foncier à un immeuble.)

Garanties. — Publicité. — Autorités compétentes. — Fonds de garantie. — Pénalités. — Purge des hypothèques occultes.

*Rapporteurs :* M. DANSAERT, président du Crédit foncier de Belgique, et M. HUBERT-BRUNARD, avocat à Bruxelles.

TROISIÈME SECTION

## TRANSMISSION DE LA PROPRIÉTÉ ET CONSTITUTION DES DROITS RÉELS, EAUX, ETC.

Publicité absolue. — Application du principe aux hypothèques légales, privilèges, actions en résolution et rescision, affectation de dotalité, mutations par décès et actes déclaratifs. — Prénotations. — Dossier foncier et conservation des titres. — Forme du titre de propriété et concordance avec le Livre foncier.

*Rapporteurs :* M. Dain, professeur à l'école de droit d'Alger (décédé depuis), et M. Massigli, agrégé à la Faculté de droit de Paris.

QUATRIÈME SECTION

## SYSTÈME HYPOTHÉCAIRE

Grundschuld. — Cédule hypothécaire. — Hypothèque sur soi-même, transfert et subrogation.

*Rapporteurs :* M. Duverger, professeur honoraire à la Faculté de droit de Paris (décédé depuis), et M. J. Challamel, avocat.

CINQUIÈME SECTION

## ORGANISATION DES BUREAUX

Formules. — Archives. — Notariat et enregistrement. — Timbre et tarif.

*Rapporteurs :* M. Duplan, notaire, et M. Flour de Saint-Genis, conservateur des hypothèques à Paris.

SIXIÈME SECTION

## OBLIGATION ET FACULTÉ

L'immatriculation doit-elle être imposée obligatoirement, soit par portion de territoire, soit au fur et à mesure des transmissions ? — Doit-elle être laissée à l'initiative des particuliers, syndicats, communes ?

*Rapporteur :* M. Léon MICHEL, professeur à l'école de droit de Paris.

SEPTIÈME SECTION

## MOYENS D'EXÉCUTION ACCORDÉS AU CRÉANCIER HYPOTHÉCAIRE

Voie parée. — Séquestre. — Ordre amiable ou judiciaire, etc.

*Rapporteur :* M. Léon MICHEL.

HUITIÈME ET DERNIÈRE SECTION

## VUES GÉNÉRALES ÉCONOMIQUES

*Rapporteur :* M. GONSE, conseiller à la Cour de cassation (décédé depuis).

Ce programme de travaux si étendu a fait l'objet de remarquables rapports contenus dans plusieurs volumes qui dénotent chez leurs auteurs une science profonde du droit et de l'économie politique, mais qui ne tiennent pas suffisamment compte des nécessités et des difficultés de la pratique des affaires.

*Deuxième session en 1892.* Le Congrès international de la propriété foncière a ouvert une deuxième session qui s'est tenue du lundi 17 au samedi 22 octobre 1892, à Paris, hôtel des Sociétés savantes, sous la présidence de M. Yves GUYOT, ancien ministre, qui a dirigé et conduit les discussions avec une autorité, un talent, une courtoisie et une impartialité auxquels l'un des congressistes, M. MARTIN, ancien avocat général, a rendu publiquement hommage, aux applaudissements unanimes des membres du Congrès.

Dans cette session devaient se traiter, vous le voyez

par le programme dont je viens de vous donner lecture, des questions ayant une importance considérable au point de vue de l'intérêt général, et aussi des intérêts privés dont le Notariat se préoccupe. Aussi le Comité des Notaires des départements avait-il appelé, sur l'ordre du jour du Congrès, toute l'attention des Chambres et invité les Notaires à y assister.

Cet appel a été entendu ; un grand nombre de Notaires se sont rendus aux séances et quelques-uns y ont pris la parole avec succès.

Je suis heureux de constater que, grâce à ce concours, des résolutions utiles ont été prises et des utopies dangereuses écartées, du moins quant à présent.

Notre Compagnie, Messieurs, a été représentée au Congrès par MM. Besnard et Lory, notaires à Chartres, qui ont assisté aux séances du lundi 17 octobre, et par M. Gaullier, notaire honoraire, et celui qui a l'honneur de parler devant vous, ces deux derniers délégués au Comité.

M. Lejards, maire de Bailleau-l'Evêque, membre de la Société des Agriculteurs de France, s'est joint à nous dans les séances des 17 et 19 octobre et a contribué par son vote, conforme aux nôtres, à faire résoudre la question hypothécaire dans le sens de la proposition du Comité des Notaires des départements.

La première session du Congrès en 1889 n'avait réuni que 70 membres environ. Le Comité y comptait seulement deux de ses membres : MM. Reine, notaire honoraire, et Jules Lefebvre, notaire à Lille, l'un des vice-présidents du Comité.

Dans la deuxième session, il y avait plus de 550 membres inscrits : ministres, sénateurs, députés, magistrats, professeurs de droit, avocats, notaires, conservateurs des hypothèques et membres des Administrations de l'Enregistrement et des Contributions directes, ingénieurs, géomètres, publicistes, propriétaires, c'est-à-dire, comme l'a déclaré M. Yves Guyot, que l'Assemblée se composait d'hommes considérables par leur situation, leur compétence et leurs connaissances professionnelles.

Aussi le grand nombre des membres du Congrès, dans

cette session, donne-t-il une importance sérieuse aux résolutions qui ont été adoptées après de savantes dissertations et des développements lumineux et fort étendus sur chaque question.

Ces résolutions, en tant qu'elles sont contraires à celles prises dans la première session, infirment celles-ci. D'ailleurs, comme l'a dit M. le président Yves Guyot, le premier Congrès ne pouvait donner une solution définitive aux questions si nombreuses et si vastes soulevées par son programme.

Le deuxième Congrès a donné sur les points les plus importants des solutions définitives que je vais vous faire connaître.

Dans la première séance du Congrès tenue le 17 octobre, il a été donné connaissance des membres du bureau élu.

*Présidents d'honneur :*

Bureau élu.

MM. Le Royer, président du Sénat.

Rouvier, ministre des finances, président de la Commission du cadastre.

Ricard, garde des sceaux, ministre de la Justice et des Cultes.

Léon Say, député, ancien ministre, président de la sous-commission juridique du cadastre.

Tirard, sénateur, ancien ministre, président de la sous-commission technique du cadastre.

Mazeau, sénateur, ancien ministre, premier président de la Cour de cassation.

Cambon, ambassadeur à Constantinople, ancien résident général à Tunis.

Massicault, résident général à Tunis.

Bufnoir, membre du Conseil supérieur de l'instruction publique, professeur à la Faculté de droit de Paris.

*Président :*

M. Yves Guyot, député, ancien ministre.

*Vice-Présidents :*

MM. E. DANSAERT, président du Crédit foncier de Belgique, délégué du gouvernement belge.

A. RAFFALOWICH, conseiller d'Etat actuel, délégué du ministre des finances de Russie.

BOUTIN, conseiller d'Etat actuel, directeur général des Contributions directes.

LIOTARD-VOGT, directeur général de l'Enregistrement, des domaines et du timbre.

FALCIMAIGNE, directeur des affaires civiles au ministère de la Justice, délégué du ministre de la Justice.

TOLLU, président de la Chambre des notaires de Paris.

FABRE, vice-président du Comité des notaires de départements, membre de la Commission du cadastre.

PIAT, ingénieur, directeur du service topographique en Tunisie, délégué du résident général.

MASSIGLI, professeur adjoint à la Faculté de droit de Paris, rapporteur du comité d'études de la Commission du cadastre.

J. CHALLAMEL, avocat, rapporteur du comité d'études de la Commission du cadastre.

*Secrétaires généraux :*

MM. Léon MICHEL, professeur à la Faculté de droit de Paris, membre de la Commission du cadastre.

FLOUR DE SAINT-GENIS, conservateur des hypothèques à Paris, membre de la Commission du cadastre.

DE FRANCE DE TERSANT, sous-inspecteur de l'Enregistrement, ancien conservateur de la propriété à Tunis.

HUBERT-BRUNARD, avocat à la Cour d'appel de Bruxelles, délégué du gouvernement belge.

FRAVATON, inspecteur de l'Enregistrement, membre de la Commission du cadastre.

*Secrétaires :*

MM. Besson, sous-chef de bureau à la direction générale de l'Enregistrement [1].
Bitsch (Adolphe), avocat à Vitry-le-François.
Dumas (Jacques), avocat à Nîmes.
Hennedique, sous-chef de bureau à la direction des Contributions directes.
Rondel, docteur en droit.
Salefranque, sous-inspecteur de l'Enregistrement.

M. le Président donne ensuite lecture du programme des questions mises à l'ordre du jour.

Il ne diffère pas, dans ses dispositions principales, de celui qui est transcrit au commencement de ce rapport.

En voici la teneur :

*Programme de la 2ᵉ session.*

*Immatriculation*

1° L'immatriculation (ou inscription initiale d'un immeuble au Livre foncier) doit-elle être facultative ou obligatoire ?

2° Si l'immatriculation est obligatoire, doit-elle s'opérer successivement au fur et à mesure des transmissions, ou simultanément sur des parties déterminées du territoire ?

3° Des effets de l'immatriculation : — A) L'immatriculation doit-elle emporter par elle-même déchéance et extinction de tous les droits non révélés ? — B) L'immatriculation doit-elle être opérée, au contraire, d'après l'état de possession ? — C) Dans quel délai et par quel procédé opérerait-on, dans ce système, la purge et la liquidation des droits non inscrits ?

4° De l'autorité compétente pour procéder à l'immatriculation.

5° Procédure d'immatriculation.

---

1. Auteur d'un ouvrage ayant pour titre *Les Livres Fonciers*.

6° Du fonds d'assurance.

7° Prénotations.

*Transmission des droits immobiliers*

1° L'inscription est-elle nécessaire pour opérer le transfert entre les parties.

2° Quelles sont les justifications à produire pour procéder aux inscriptions des mutations entre vifs et par décès ? (Acte authentique ; acte sous seing privé ; certificat de propriété ; certificat d'hérédité ; bordereaux).

3° De l'autorité des inscriptions : — A) La valeur des inscriptions peut-elle dépendre de la bonne ou mauvaise foi des personnes qui les ont obtenues ? — B) Est-il possible de concilier l'autorité des inscriptions avec les règles relatives aux incapacités, aux vices du consentement, aux nullités de forme, à la réserve et au rapport ?

4° Intervalle moyen de deux transmissions en France et dans les pays étrangers.

5° Des conditions de crédit immobilier dans les différents pays.

*Cadastre*

1° Du cadastre dans ses rapports avec la propriété foncière. — Réfection, à ce point de vue, du cadastre. Dans quelles conditions et par quels procédés cette opération peut-elle être réalisée ?

2° Du morcellement des propriétés et réunion des parcelles. — Echanges libres et échanges forcés.

ORGANISATION DE LA CONSERVATION FONCIÈRE

*De la mobilisation de la propriété foncière*

1° Dans quelle mesure les titres de propriété ou de droits réels peuvent-ils constituer des valeurs de circulation ?

2° Des conditions de cession et de circulation des titres de propriété.

3° Des procédés de mobilisation des titres de crédit et des effets de la mobilisation (Hypothèque sur soi-même, cédule hypothécaire, dette foncière).

4° Des prêts sur titre.

*La propriété foncière et l'impôt*

1° Convient-il de remplacer l'impôt à chaque mutation par un impôt permanent sur la jouissance?

2° Comparaison de la propriété immobilière et de la propriété mobilière au point de vue des charges fiscales.
— Y a-t-il lieu de demander le dégrèvement de la propriété immobilière?

3° Dans quelle mesure la propriété immobilière doit-elle contribuer à la réfection du cadastre?

Avant de passer à l'examen de ce programme, M. Léon MICHEL lit le rapport qu'il avait été chargé de faire sur les travaux de la Commission permanente du Congrès.

Le rapport de M. Léon MICHEL et le programme du Congrès admettent l'un et l'autre comme possible la création des Livres fonciers, avec concordance et référence au cadastre refait préalablement, ou en même temps que les Livres fonciers;

Et comme se rattachant à cette réforme capitale aux yeux des organisateurs du Congrès, la refonte de notre régime hypothécaire.

Réforme hypo-thécaire

Le Comité des Notaires des départements représenté particulièrement par M. FABRE, notaire à Brunoy, et M. Jules LEFEBVRE, notaire à Lille, tous deux vice-présidents, a insisté auprès du Congrès pour faire décider que la réforme du régime hypothécaire serait déclarée indépendante de la question des Livres fonciers, et serait mise en délibération sans rien préjudicier sur cette question, et préalablement à toutes autres parties de l'ordre du jour.

MM. Martin, avocat, Flour de Saint-Genis, conservateur des hypothèques, Denis, notaire à Tonnerre, Hedelin, notaire à Angers, ont appuyé la proposition présentée par M. Fabre ;

MM. Freyssinaud, ancien juge de paix à Limoges, Raffalowich (Russie), Delombre, publiciste, Flach, professeur au Collège de France, et le prince de Cassano (publiciste italien), ont pris une part brillante à la discussion.

MM. Fabre et Martin, s'associant dans une même motion, ont établi que la réforme hypothécaire était une mesure urgente, suffisamment étudiée et facilement réalisable ;

Quelle rentrait du reste, en principe, dans le programme du Congrès ;

En conséquence, ils ont soumis au Congrès les résolutions ci-après qui ont été votées à une très grande majorité (environ 300 voix contre 6), dans la séance du 17 octobre :

« Le Congrès, considérant que la réforme hypothé-
« caire est d'une extrême urgence en France, demande
« que cette réforme soit établie sur les principes sui-
« vants, sans être subordonnée à la création des Livres
« fonciers, et sans être ajournée après leur examen :

### I.

« Toutes les hypothèques et tous les privilèges doi-
« vent, sans exception, être soumis à la double règle de
« la publicité et de la spécialité.

### II.

« Le système de publicité doit être étendu aux actes
« déclaratifs et aux mutations par décès.

### III.

« Simplification de la manutention hypothécaire dans
« le sens de la diminution des écritures et de la déli-
« vrance des états par extraits.

IV.

« Remplacement des droits fixes d'hypothèque et de
« timbre par une taxe proportionnelle modérée. »

Dans la séance du 18 octobre, le Congrès a également voté la résolution suivante qui se rattache à la réforme hypothécaire :
« Il est désirable de rendre publiques les actions en
« nullité, en résolution et en rescision. »

Les deux séances du 19 octobre ont été consacrées à la discussion de diverses propositions relatives à la clarté des énonciations des contrats et au moyen de simplifier l'établissement de propriété dans les actes, en créant un mode de purge de certaines actions portant atteinte au droit de propriété ;

Et les résolutions suivantes, comprenant en partie les propositions déposées par MM. Dansaert et Hubert-Brunard, ont été adoptées ; elles ont été ainsi formulées :

Dans la première séance du 19 octobre :
« Il y aurait avantage à établir dans les titres de pro-
« priété la description des immeubles avec les références
« au cadastre. »

Et dans la deuxième séance du même jour :
« Il est désirable d'organiser les moyens de purger,
« dans un délai à déterminer, les actions en nullité, en
« résolution et en rescision, de manière à éviter de
« remonter la série des propriétaires antérieurs pour la
« justification des droits réels. »

Cadastre. Le Congrès, dans la séance du 20 octobre, préalablement à l'examen de la question des Livres fonciers, s'est occupé de la revision du cadastre.

M. Jules Lefebvre a vivement insisté pour que — quoi qu'il advînt — le cadastre n'eût jamais un caractère juridique ; que ce cadastre ne fût établi, comme il l'est actuellement, qu'à titre de renseignement[1].

Et après des dissertations techniques fort intéres-

---

[1]. Opinion conforme, *Braine*, notaire honoraire à Arras, dans son opuscule *Rénovation du cadastre*.

santes, dans lesquelles se sont fait écouter notamment M. CHEYSSON, inspecteur général des ponts et chaussées, M. SANGUET, géomètre, et M. DANSAERT, le Congrès a voté les résolutions suivantes :

« Le Congrès, considérant :

« 1° Qu'un cadastre ne peut jamais avoir par lui-même
« un caractère juridique ;

« 2° Que le cadastre actuel, déjà insuffisant pour
« assurer la juste répartition de l'impôt, l'est encore
« davantage pour fournir des références sûres aux titres
« de propriété ;

« Déclare :

« A. — Si les dépenses peuvent être contenues dans
« des limites raisonnables, il est désirable que le
« cadastre soit refait dans ses parties défectueuses,
« revisé dans les autres.

« B. — Pour faciliter le bornage collectif, il convient
« de faire application de la loi du 22 décembre 1888 aux
« syndicats de bornage, composés de propriétaires pos-
« sédant, dans une même commune, une surface mini-
« mum déterminée d'un seul tenant.

« C. — Après la revision ou la réfection du cadastre,
« il importe d'en organiser la conservation. »

La question des Livres fonciers est venue à l'ordre du jour des séances du 21 octobre.

<small>Livres Fonciers</small>

C'était, aux yeux de la Commission permanente, le point capital du programme du Congrès ;

Plusieurs propositions de résolutions, les unes relatives exclusivement à la création des Livres fonciers, les autres comprenant, outre les Livres fonciers, diverses autres dispositions s'y rattachant, ont été soumises au Congrès, notamment par :

M. FREYSSINAUD, ancien juge de paix à Limoges ;

M. DELAGE-DUMOULIN, notaire à Sainte-Foy-la-Grande (Gironde).

Et M. FLOUR DE SAINT-GENIS.

Le fond de ces propositions, plus ou moins en harmonie avec les théories développées par M. Besson dans son ouvrage sur les Livres fonciers, a été compris et résumé dans le projet de résolution déposé par la Commission permanente et ainsi conçu :

I.

« Il est désirable d'organiser la publicité réelle en
« inscrivant par immeuble les droits et les charges qui
« le concernent.

II.

« Toute inscription constitue le titre irrévocable du
« droit (c'est la force probante) à l'égard de tout inté-
« ressé de bonne foi autre que les parties contractantes.

III.

« Les inscriptions initiales (immatriculations) doivent
« être entourées, sous le contrôle de l'autorité judi-
« ciaire, de formalités protectrices des droits des tiers.

IV.

« Aucune mention ou inscription subséquente ne peut
« avoir lieu qu'en vertu de titres authentiques et moyen-
« nant des justifications à déterminer.

V.

« Il est nécessaire de constituer un fonds de garantie
« à l'aide d'une taxe modérée d'immatriculation non sus-
« ceptible de répétition. »

MM. Martin et Fabre ont opposé à cette proposition de résolution la question préalable suivante :
Y a-t-il lieu de créer en France des Livres fonciers ?
Et ils ont obtenu la priorité pour le vote sur cette question préalable.
Mais avant de passer au vote, une discussion générale très brillante s'est engagée au sujet du principe même des Livres fonciers, et le Congrès a assisté, avec une

religieuse attention, à un tournoi d'érudition et d'éloquence entre les partisans et les adversaires des Livres fonciers, qui, les uns et les autres, ont élevé le débat à des hauteurs telles qu'il était évident que l'intérêt général seul était le but de leurs aspirations.

D'un côté, les Livres fonciers ont été défendus avec le plus grand talent par MM. DANSAERT, Léon SAY, J. CHALLAMEL, Léon MICHEL, MASSIGLI et autres.

Le publiciste italien, duc de CASSANO, les a aussi soutenus avec une verve toujours amusante, et il a terminé son discours en disant qu'il voudrait créer des registres qui seraient comme *le Botin* de la propriété foncière.

D'un autre côté, ils ont été combattus avec non moins de mérite, par MM. MARTIN, FABRE, DOUCE, notaire à Reims, AUBERT, notaire à Argenteuil et JOZON, notaire à Meulan.

Les promoteurs des Livres fonciers en ont exposé le mécanisme et les avantages ; ils ont essayé d'en pallier les inconvénients, les difficultés matérielles et financières de mise en pratique, et ont conclu en disant que les Livres fonciers pouvaient être établis en France, puisqu'ils existent dans une quarantaine d'États parmi lesquels figurent de nombreuses colonies.

Les adversaires ont soutenu que les Livres fonciers étaient impraticables en France.

Ils ont démontré que leur établissement obligerait à une réfection complète du cadastre, opération qui, en supposant qu'elle pût se faire d'une façon mathématiquement exacte, entraînerait, en raison du morcellement considérable de la propriété (150 millions de parcelles), des dépenses énormes, évaluées par d'aucuns à *5 milliards,* par d'autres à *2 milliards* et par les plus ardents partisans de la réforme à *350 ou 400 millions.*

Et cette opération ne pourrait être parachevée que dans un temps fort long (30, 40 ou 50 ans), c'est-à-dire à une époque où déjà trois ou quatre fois il aura fallu refaire le cadastre ;

Qu'il s'ensuivrait de très grandes complications dans la manutention des Livres de la propriété, non seulement en raison du grand nombre de parcelles, mais encore à cause de la multiplicité des droits réels et charges de toute sorte qui grèvent la propriété, complications qui iraient à l'opposé du but qu'on veut atteindre : la diminution des frais ;

Que cette opération serait de nature à jeter le trouble dans l'esprit des propriétaires du sol, à engendrer des procès à l'infini et peut-être à soulever une révolution agraire ;

Que l'exemple des colonies et de quelques petits États où la propriété n'est pas morcelée à l'infini comme elle l'est en France, n'a rien de probant;

Que les actes reçus par les notaires et transcrits au bureau des hypothèques ont, jusqu'à présent, donné satisfaction au public ;

Qu'en effet, la garantie résultant de la réception des actes de mutation de propriété par des fonctionnaires investis par la loi de ventôse d'une autorité reconnue, et de la publicité donnée à ces actes par la transcription, répond complètement aux besoins des contractants et des tiers, et assure la libre et certaine transmission de la propriété foncière ;

Que ces garanties suffisent au développement du crédit public ;

Que le régime actuel fonctionne depuis bientôt un siècle entier et que la réforme proposée n'est pas réclamée par le pays ;

Que certes, il est désirable que les mutations soient facilitées par la diminution des frais et des charges qui pèsent sur la propriété, mais que les dégrèvements peuvent s'opérer au fur et à mesure des ressources du Trésor, par la réduction des droits d'enregistrement et par la simplification de la manutention hypothécaire déjà votée ;

Que l'établissement des Livres fonciers entraînerait la mobilisation de la propriété, ce qui est à redouter dans l'intérêt des propriétaires et dans l'intérêt du pays luimême ;

Enfin, et pour dernier argument, qui a une importance capitale, les défenseurs de l'état actuel des choses, avec les améliorations qu'amènera la réforme hypothécaire, font ressortir qu'il est désirable au plus haut degré que l'État reste dans son rôle de protecteur des intérêts de tous, mais qu'il respecte la liberté des citoyens, et ne s'immisce pas dans leurs conventions pour y imprimer une force qu'il déclarerait nécessaire, obligatoire, qui affaiblirait le principe de la validité des arrangements contractés librement, intervenus entre eux et dans leur intérêt privé ;

Il ne faut pas que le Livre foncier, qui serait aux mains du gouvernement par le conservateur de la propriété foncière nommé par lui, soit le *seul titre légal et probant* de la propriété *ergà omnes,* le titre contre lequel rien ne prévaudrait, contre lequel nul ne pourrait prescrire.

Donc, pas de Livres fonciers.

Le Président prononce la clôture des débats et annonce qu'il va être procédé au vote sur la question posée par MM. Martin et Fabre :

*Y a-t-il lieu d'établir des Livres fonciers en France ?*

Le vote a lieu sur appel nominal ; chaque membre du Congrès, nommé par le Président sur la liste générale des congressistes, se lève et émet son vote à haute voix par oui ou non.

Le dépouillement du scrutin donne le résultat suivant :

228 non contre 71 oui. En conséquence, le Congrès repousse la création des Livres fonciers.

Ce vote fait tomber et réduit à néant, en même temps que les propositions de la Commission permanente, toutes les autres propositions analogues ou impliquant la création des Livres fonciers et, notamment, une proposition présentée par M. de la Grasserie, juge à Rennes.

L'étude des autres questions du programme est remise au samedi 22 octobre, dernier jour du Congrès.

Dans les deux séances de ce jour 22, le Congrès examine s'il y a lieu, pour faciliter et étendre le crédit public, d'émettre le vœu que la propriété foncière sera mobilisable ; que le propriétaire pourra transmettre son titre par extraits ou par *bons fonciers,* comme on négocie aujourd'hui une valeur nominative ou au porteur ;

<small>Mobilisation e la Propriété foncière.</small>

— 18 —

Le propriétaire pourrait prendre hypothèque sur sa propriété pour le quart, le tiers, la moitié ou la totalité même de sa valeur, et se ferait délivrer des bons, ou cédules hypothécaires, qu'il pourrait transférer à son gré et suivant ses besoins.

Ce système, corollaire des Livres fonciers dans les pays où ils sont établis, tels que certaines parties de la Prusse — à Brême, par exemple — est préconisé par les partisans du Livre foncier, MM. DANSAERT, CHALLAMEL, Léon MICHEL, HUBERT-BRUNARD et combattu par leurs adversaires, MM. MARTIN, RICHARDOT et autres.

Ici, encore, le Congrès voit s'engager une lutte des plus vives et des plus intéréssantes entre les avocats des deux causes différentes.

Les congressistes qui s'opposent à cet émiettement du sol le font pour diverses raisons, et notamment par esprit de patriotisme ; il n'est pas bon de faciliter la disposition de son bien dans une mesure aussi large qui le désintéresserait de sa propriété, qui l'empêcherait de s'y attacher et d'y appliquer toutes ses ressources afin de la rendre plus productive.

Il ne faut pas que la terre, représentée par un nombre considérable de bons au porteur ou facilement transmissibles, puisse être accaparée par des syndicats de spéculateurs et qu'un jour, peut-être, le sol de la patrie soit exposé à passer dans des mains étrangères ; il faut que la terre française reste toujours aux mains des Français.

Le Congrès se range à ces considérations et décide, à une majorité considérable, qu'il n'y a pas lieu de rendre la propriété foncière mobilisable, comme la Commission permanente le demandait.

*Essai des Livres fonciers dans les Colonies.* Après avoir repoussé, pour la France, la création des Livres fonciers, le Congrès, sur la proposition développée par M. Noël PARDON, membre du Conseil supérieur des Colonies, a émis le vœu que le régime des Livres fonciers fût organisé aux colonies, pays neufs où le sol n'est pas morcelé, ni grevé de droits réels multiples, comme en France, et qui peuvent subir l'épreuve de cette innovation.

Le Congrès, ayant voté les résolutions que je viens de vous faire connaître sur les questions les plus importantes de son programme, a successivement examiné diverses propositions secondaires, qui ont été les unes adoptées, les autres repoussées, ainsi, du reste, que je vais vous l'indiquer, d'une manière sommaire :

Ainsi le Congrès décide qu'il est désirable :

1° De dégrever dans une large mesure la propriété foncière, et principalement la propriété rurale, des charges exorbitantes qui pèsent sur elle ;

2° D'établir, autant que possible, une égalité de traitement, au point de vue de la répartition de l'impôt, entre les détenteurs de valeurs mobilières et les détenteurs de valeurs immobilières ;

A ce sujet, un orateur (M. le sénateur BISSEUIL, je crois) fait connaitre qu'en France,

il y a 150 milliards de valeurs mobilières,

et 120 milliards de valeurs immobilières,

Et que les charges supportées par les valeurs mobilières ne sont que de 9.35 0/0 de leur revenu ;

Celles des rentes sur l'État de 4.40 0/0 ;

Tandis que les charges supportées par les propriétés urbaines sont de 23.25 0/0 de leur revenu ;

Et celles de la propriété rurale de 31.25 0/0.

Le Congrès vote ensuite une proposition de M. RICHARDOT, notaire à Longjumeau, membre du comité, ainsi conçue :

« Il est désirable qu'il soit procédé à une revision
« des *évaluations* et *classifications* des propriétés non
« bâties. »

Sur la proposition de M. Jules ARNOULT, inspecteur de l'enregistrement, le Congrès décide : « qu'il y a lieu de
« créer un *casier civil* ou grand-livre des droits civils,
« révélant aux tiers, dans des conditions à déterminer
« pour éviter des abus, l'état civil et l'incapacité des
« personnes ;
« Et de compléter cette mesure par l'organisation d'un

Casier civil

« *Livret d'état civil,* qui permettrait à chacun de justifier
« à tout instant de son identité et de sa capacité[1]. »

*Feuillet réel.* Dans le système hypothécaire actuel, le conservateur des hypothèques délivre, à la demande et aux frais des requérants, des *États personnels* qui font connaître de quelles charges est grevé un particulier désigné dans la réquisition d'état.

Quelques congressistes — entre autres M. Flour de Saint-Genis — soutiennent qu'il est à désirer que les Conservateurs puissent aussi trouver dans leurs registres des documents suffisants pour pouvoir délivrer des *États réels,* c'est-à-dire des états pour chaque parcelle d'immeuble, indiquant quel est son propriétaire et les charges qui la grèvent. C'est ce qu'on nommerait le *feuillet réel,* par opposition au *feuillet personnel* qui, seul, est délivré aujourd'hui. Ce feuillet réel constituerait, pour ainsi dire, l'état civil de chaque immeuble.

Ce vœu n'est pas appuyé en raison des difficultés que présenterait sa réalisation.

Dans ce système, on devrait ouvrir un compte à chaque parcelle, mais étant donné l'extrême morcellement de la propriété dans notre pays, on se trouverait aux prises avec des difficultés matérielles presque insurmontables.

En effet, il y a aujourd'hui en France, comme je l'ai dit plus haut, 150 millions de parcelles ; ce serait donc un total de 150 millions de comptes à inscrire. Or, à raison d'un compte par feuillet, et de 300 feuillets par volume, la nouvelle organisation nécessiterait la mise à jour de 500,000 registres pour l'ensemble du territoire, ce qui ferait, pour chacune des 382 conservations, une moyenne de 1,300 volumes.

Le simple énoncé de ces chiffres démontre, mieux que toutes autres explications, l'impossibilité pratique d'immatriculer séparément chaque parcelle.

Cette opération colossale n'aurait aucune chance d'être menée à bonne fin.

---

1. M. Denos, chef de bureau de l'État civil à la Mairie de Chartres, a dès l'année 1891, dans une brochure remarquable, réclamé cette réforme. — Imprimerie Durand, à Chartres.

Aussi ce vœu qui, au fond, n'était qu'un retour vers le Livre foncier, et qui avait déjà été compris dans l'article 1er du projet de résolution de la Commission permanente repoussé par le Congrès, n'a-t-il pas été adopté. Cette dernière cartouche brûlée par les partisans de cette institution n'a produit aucun effet et le Congrès n'en a pas tenu compte.

Le Congrès rejette aussi une proposition présentée par M. Charles COTTARD, du Val-André (Côtes-du-Nord), et que je transcris en entier en raison de sa singularité ; elle est ainsi conçue :

« Il y aurait lieu de laisser à l'acheteur de tout fonds
« ou immeuble la faculté de s'acquitter du droit de
« mutation moyennant une augmentation d'impôt foncier
« équivalente à l'intérêt de la somme qu'il aurait à payer
« pour ladite mutation.

« Par ce système, d'où résultera, à chaque mutation,
« une augmentation d'impôt, et par conséquent une
« diminution de la valeur vénale de la propriété, sans
« d'ailleurs qu'aucun intérêt soit lésé, le capital énorme
« improductivement immobilisé dans la propriété, se
« trouvera peu à peu dégagé, et l'instrument de travail
« du cultivateur, qui est la terre, mis à la disposition de
« tous ceux qui seront en mesure de l'exploiter.

« Ce système permettra aussi de proportionner l'impôt
« à la valeur du fonds ; il facilitera les échanges et toutes
« les opérations agricoles et immobilières. »

M. FOURNIER DE PLAIX, publiciste à Paris, demande la réforme du Code de procédure et la revision des lois de l'enregistrement.

Vous savez qu'une Commission extraparlementaire a été chargée d'étudier la réforme du Code de procédure.

Le Congrès exprime un vœu tendant à la diminution des frais de surenchère et d'ordre.

M. FRAVATON, inspecteur de l'Enregistrement, lit un rapport sur les charges d'enregistrement, de timbre et d'hypothèque dont la propriété foncière est actuellement grevée, et il conclut en disant que les droits de mutation ne peuvent être diminués quant à présent, en raison des

*Enregistrement. Droits fixes.*

nécessités budgétaires, mais qu'il serait à désirer que, conformément à l'un des vœux exprimés par le Congrès, les droits fixes et les droits de timbre fussent remplacés par une taxe proportionnelle modérée.

M. le député Brisson a présenté au Corps législatif un projet de loi tendant à obtenir cette réforme.

Un assez grand nombre d'autres propositions et de mémoires, se rattachant aux questions posées et discutées au cours des séances du Congrès, sont déposés sur le bureau, et M. le Président a déclaré, de l'avis de l'Assemblée, que ces documents seraient réunis aux travaux du Congrès et publiés en même temps que les résolutions qui ont été votées.

Le Congrès ayant rempli son programme dans ses parties essentielles et le terme de ses séances étant arrivé, M. le Président en a prononcé la clôture.

Comme vous le savez, Messieurs, les résolutions d'un Congrès ne sont que des vœux et n'ont aucune force obligatoire. Elles ne sont que la manifestation des *desiderata* d'un certain nombre de personnes et la valeur de ces vœux dépend de la situation et de l'autorité de ceux qui les ont émis. Ces vœux ne peuvent donc servir que d'indication aux pouvoirs publics.

Espérons que le Gouvernement, considérant que les congressistes ont exprimé dans leurs résolutions les besoins et les aspirations de la majorité du pays, en tiendra quelque compte et proposera des mesures législatives conformes à ces résolutions.

Il est également à souhaiter que les décisions du Congrès aient une certaine influence sur les propositions définitives de la Commission du cadastre qui, vous ne l'ignorez pas, s'est prononcée, en principe, pour la création des Livres fonciers.

<small>Comité des notaires des départements.</small> Et maintenant, Messieurs et chers Confrères, que vous dirai-je des séances du Comité des mercredi 19 et jeudi 20 octobre ? Vous comprendrez facilement que ces séances ont été singulièrement écourtées, en raison de la nécessité qu'il y avait de se rendre aux séances du Congrès. L'importance capitale des questions traitées

dans cette dernière assemblée primait celle des affaires mises à l'ordre du jour du Comité. Néanmoins, ces dernières avaient été étudiées à l'avance et traitées avec soin par les différents rapporteurs. Il en sera rendu compte dans la circulaire que le Comité fera parvenir, suivant l'usage, à chacun de nous avant la fin de cette année.

Je ne terminerai pas ce trop incomplet compte rendu sans provoquer de la part de notre Compagnie un témoignage de reconnaissance envers le Comité, et particulièrement envers M. FABRE et les autres membres de ce Comité, qui ont montré tant de dévouement et ont mis tout leur savoir et toute leur expérience au service des intérêts généraux du pays et des intérêts du notariat.

Et je pense qu'il serait de toute justice d'associer à ce témoignage d'estime et de gratitude l'honorable M. MARTIN, dont le talent éminent et la parole éloquente et persuasive ont si puissamment contribué à obtenir les résolutions formulées par le Congrès qui entraîneront, il faut l'espérer, des résultats satisfaisants pour la prospérité de notre pays.

Chartres. — Imprimerie DURAND, rue Fulbert.

www.ingramcontent.com/pod-product-compliance
Lightning Source LLC
Chambersburg PA
CBHW061521040426
42450CB00008B/1733